QUWEI PINYIN PINDU YIBENTONG

趣味拼音

拼读一本通

周路　编

中国经济出版社
CHINA ECONOMIC PUBLISHING HOUSE

图书在版编目（CIP）数据
趣味拼音拼读一本通 / 周路著. -- 北京 ：中国经济出版社，2025. 7. -- ISBN 978-7-5136-8262-6
Ⅰ. G613.2
中国国家版本馆CIP数据核字第2025RY7245号

趣味拼音拼读一本通
QUWEI PINYIN PINDU YIBEN TONG

策　　划　海岸工作室
责任编辑　龚风光 张意妮 张俊才
责任印刷　李　伟
装帧设计　百杰胜

出版发行　中国经济出版社
印 刷 者　湖北东致印刷有限公司
经 销 者　各地新华书店
开　　本　710mm×1000mm　1/16
印　　张　5
字　　数　13 千字
版　　次　2025 年 7 月第 1 版
印　　次　2025 年 7 月第 1 次印刷
定　　价　29.80 元
广告经营许可证　京西工商广字第 8179 号

中国经济出版社 **网址** www.economyph.com **社址** 北京市东城区安定门外大街 58 号 **邮编** 100011
本版图书如存在印装质量问题，请与本社销售中心联系调换（联系电话：010-57512564）

版权所有 盗版必究（举报电话：010-57512600）
国家版权局反盗版举报中心（举报电话：12390）　　服务热线：010-57512564

目录

拼音总表

扫码听音频

声母 23 个

b p m f d t n l

g k h j q x zh ch

sh r z c s y w

韵母 24 个

单韵母 6 个

a o e i u ü

复韵母 8 个 1 个特殊韵母

ai ei ui ao ou iu ie üe er

前鼻韵母 5 个

an en in un ün

后鼻韵母 4 个

ang eng ing ong

整体认读音节 16 个

zhi chi shi ri zi ci si

yi wu yu ye yue yuan

yin yun ying

声母趣味速记

扫码听音频

b p m f

右下半圆 b b b
右上半圆 p p p
两个门洞 m m m
爷爷拐杖 f f f

d t n l

左下半圆 d d d
一把雨伞 t t t
一个门洞 n n n
一根小棍 l l l

g k h

豆芽弯弯 g g g
小树两杈 k k k
一把椅子 h h h

j q x

一只小鸡 j j j
一个气球 q q q
打个小叉 x x x

zh ch sh r

蜘蛛织网 zh zh zh
一把尺子 ch ch ch
老师老师 sh sh sh
小草发芽 r r r

z c s y w

像平2字 z z z
半个圆圈 c c c
一条大蛇 s s s
一件衣服 y y y
两个鸟窝 w w w

认一认

扫码听音频

b

bō
播

记：广播 广播 b b b

读一读

b-ā → bā 八十 (bā shí)	b-ī → bī 逼真 (bī zhēn)	b-ō → bō 波浪 (bō làng)
b-á → bá 挺拔 (tǐng bá)	b-í → bí 鼻子 (bí zi)	b-ó → bó 伯伯 (bó bo)
b-ǎ → bǎ 把柄 (bǎ bǐng)	b-ǐ → bǐ 钢笔 (gāng bǐ)	b-ǒ → bǒ 跛脚 (bǒ jiǎo)
b-à → bà 爸爸 (bà ba)	b-ì → bì 必须 (bì xū)	b-ò → bò 薄荷 (bò he)

写一写

bā	bá	bǎ	bà
八 八 八	拔 拔 拔	把 把 把	爸 爸 爸
八方	拔草	把手	爸爸

bāo	báo	bǎo	bào
包 包 包	薄 薄 薄	保 保 保	抱 抱 抱
背包	薄片	保护	拥抱

认一认

扫码听音频

p

pō
泼

记：泼水 泼水 p p p

读一读

p—ū → pū 扑灭（pū miè）	p—ī → pī 批评（pī píng）	p—ō → pō 泼水（pō shuǐ）
p—ú → pú 葡萄（pú tao）	p—í → pí 疲倦（pí juàn）	p—ó → pó 外婆（wài pó）
p—ǔ → pǔ 朴实（pǔ shí）	p—ǐ → pǐ 马匹（mǎ pǐ）	p—ǒ → pǒ 笸篮（pǒ lán）
p—ù → pù 瀑布（pù bù）	p—ì → pì 偏僻（piān pì）	p—ò → pò 破旧（pò jiù）

写一写

pō	pó	pǒ	pò
泼 泼 泼	婆 婆 婆	笸 笸 笸	破 破 破
泼水	婆婆	笸篮	破损

pī	pí	pǐ	pì
披 披 披	皮 皮 皮	匹 匹 匹	屁 屁 屁
披肩	调皮	马匹	屁股

认一认

扫码听音频

m

mō
摸

记：抚摸 抚摸 m m m

读一读

m—ā → mā 妈妈(mā ma)	m—ī → mī 猫咪(māo mī)	m—ō → mō 抚摸(fǔ mō)
m—á → má 麻绳(má shéng)	m—í → mí 迷路(mí lù)	m—ó → mó 按摩(àn mó)
m—ǎ → mǎ 蚂蚁(mǎ yǐ)	m—ǐ → mǐ 大米(dà mǐ)	m—ǒ → mǒ 涂抹(tú mǒ)
m—à → mà 叫骂(jiào mà)	m—ì → mì 密码(mì mǎ)	m—ò → mò 墨水(mò shuǐ)

写一写

mā	má	mǎ	mà
妈 妈 妈	麻 麻 麻	马 马 马	骂 骂 骂
妈妈	麻绳	骑马	叫骂
mō	mó	mǒ	mò
摸 摸 摸	模 模 模	抹 抹 抹	漠 漠 漠
抚摸	模型	涂抹	沙漠

认一认

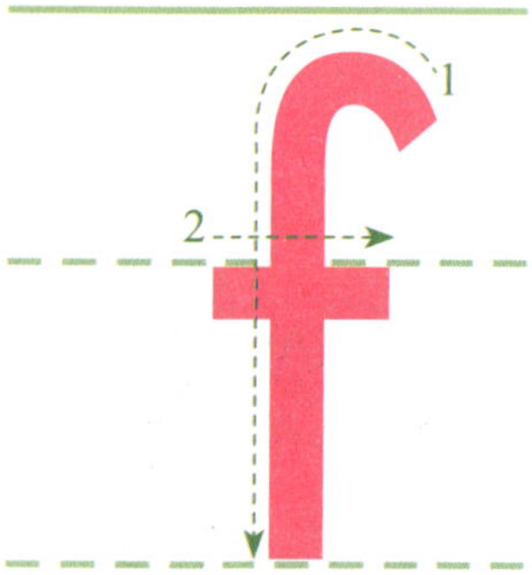

fǔ
斧

记：斧头 斧头 f f f

扫码听音频

读一读

f–ā	fā	发芽（fā yá）	f–ū	fū	冰敷（bīng fū）	f–ēi	fēi	咖啡（kā fēi）
f–á	fá	木筏（mù fá）	f–ú	fú	音符（yīn fú）	f–éi	féi	肥皂（féi zào）
f–ǎ	fǎ	砝码（fǎ mǎ）	f–ǔ	fǔ	斧头（fǔ tóu）	f–ěi	fěi	翡翠（fěi cuì）
f–à	fà	理发（lǐ fà）	f–ù	fù	父亲（fù qīn）	f–èi	fèi	沸腾（fèi téng）

写一写

fā	fá	fǎ	fà
发 发 发	乏 乏 乏	法 法 法	发 发 发
发抖	乏力	魔法	理发师

fū	fú	fǔ	fù
夫 夫 夫	服 服 服	斧 斧 斧	复 复 复
夫妇	服装	斧头	复习

认一认

d

dá
答

记：回答 回答 d d d

扫码听音频

读一读

d–ā → dā 搭档 (dā dàng)	d–ī → dī 低温 (dī wēn)	d–ū → dū 都市 (dū shì)
d–á → dá 回答 (huí dá)	d–í → dí 笛子 (dí zi)	d–ú → dú 独立 (dú lì)
d–ǎ → dǎ 打扫 (dǎ sǎo)	d–ǐ → dǐ 海底 (hǎi dǐ)	d–ǔ → dǔ 堵车 (dǔ chē)
d–à → dà 大象 (dà xiàng)	d–ì → dì 田地 (tián dì)	d–ù → dù 渡轮 (dù lún)

写一写

dā 搭 搭 搭	dá 答 答 答	dǎ 打 打 打	dà 大 大 大
搭档	回答	打开	大小
dī 低 低 低	dí 笛 笛 笛	dǐ 底 底 底	dì 递 递 递
低温	笛子	海底	递给

认一认

扫码听音频

t

tǎ
塔

记：灯塔 灯塔 t t t

读一读

t–ū → tū 突出（tū chū）	t–ī → tī 踢球（tī qiú）	t–ā → tā 她们（tā men）
t–ú → tú 图书（tú shū）	t–í → tí 提起（tí qǐ）	t–ǎ → tǎ 灯塔（dēng tǎ）
t–ǔ → tǔ 土豆（tǔ dòu）	t–ǐ → tǐ 体操（tǐ cāo）	t–à → tà 脚踏车（jiǎo tà chē）
t–ù → tù 兔子（tù zi）	t–ì → tì 剃头（tì tóu）	

写一写

tī	tí	tǐ	tì
梯 梯 梯	提 提 提	体 体 体	屉 屉 屉
电梯	大提琴	体操	笼屉
tāo	táo	tǎo	tào
涛 涛 涛	桃 桃 桃	讨 讨 讨	套 套 套
波涛	桃树	讨厌	手套

认一认

扫码听音频

n

ná
拿

记：拿着 拿着n n n

读一读

n—ā → nā 姓那 (xìng nā)　　n—ī → nī 妮子 (nī zi)　　n—ú → nú 奴仆 (nú pú)

n—á → ná 拿着 (ná zhe)　　n—í → ní 泥土 (ní tǔ)　　n—ǔ → nǔ 努力 (nǔ lì)

n—ǎ → nǎ 哪怕 (nǎ pà)　　n—ǐ → nǐ 你好 (nǐ hǎo)　　n—ù → nù 发怒 (fā nù)

n—à → nà 那里 (nà lǐ)　　n—ì → nì 溺水 (nì shuǐ)

写一写

nào	ná	nǎ	nà
闹 闹 闹	拿 拿 拿	哪 哪 哪	那 那 那
闹钟	拿着	哪位	那里
nī	ní	nǐ	nì
妮 妮 妮	泥 泥 泥	你 你 你	溺 溺 溺
妮子	泥巴	你好	溺水

认一认

扫码听音频

1 l

là
蜡

记：蜡笔 蜡笔|||

读一读

l–ā → lā 垃圾（lā jī）	l–ū → lū 噜苏（lū su）	l–āo → lāo 捕捞（bǔ lāo）
l–á → lá 旮旯儿（gā lár）	l–ú → lú 庐山（lú shān）	l–áo → láo 牢固（láo gù）
l–ǎ → lǎ 喇叭（lǎ ba）	l–ǔ → lǔ 粗鲁（cū lǔ）	l–ǎo → lǎo 老人（lǎo rén）
l–à → là 蜡烛（là zhú）	l–ù → lù 陆地（lù dì）	l–ào → lào 奶酪（nǎi lào）

写一写

lāo	láo	lǎo	lào
捞 捞 捞	牢 牢 牢	老 老 老	落 落 落
打捞	牢固	老鹰	落枕

liū	liú	liǔ	liù
溜 溜 溜	流 流 流	柳 柳 柳	六 六 六
溜走	流动	柳树	六只

认一认

扫码听音频

g

gē
鸽

记：白鸽 白鸽 g g g

读一读

g—ā → gā 咖喱(gā lí)　g—ē → gē 哥哥(gē ge)　g—ū → gū 估计(gū jì)

g—á → gá 噶伦(gá lún)　g—é → gé 皮革(pí gé)　g—ǔ → gǔ 谷物(gǔ wù)

g—ǎ → gǎ 嘎子(gǎ zi)　g—ě → gě 自个儿(zì gěr)　g—ù → gù 故事(gù shi)

g—à → gà 尴尬(gān gà)　g—è → gè 一个(yí gè)

写一写

gē	gé	gě	gè
鸽 鸽 鸽	革 革 革	个 个 个	个 个 个
白鸽	皮革	自个儿	个数
guō	guó	guǒ	guò
锅 锅 锅	国 国 国	果 果 果	过 过 过
砂锅	国画	果实	过马路

认一认

扫码听音频

k

kè

课

记：课堂 课堂k k k

读一读

k–ā → kā 咖啡 (kā fēi)	k–ē → kē 蝌蚪 (kē dǒu)	k–ū → kū 哭泣 (kū qì)
k–ǎ → kǎ 卡车 (kǎ chē)	k–é → ké 贝壳 (bèi ké)	k–ǔ → kǔ 刻苦 (kè kǔ)
	k–ě → kě 口渴 (kǒu kě)	k–ù → kù 长裤 (cháng kù)
	k–è → kè 客厅 (kè tīng)	

写一写

kē	ké	kě	kè
蝌 蝌 蝌	壳 壳 壳	可 可 可	课 课 课
蝌蚪	蛋壳	可能	课堂

kuī	kuí	kuǐ	kuì
盔 盔 盔	葵 葵 葵	傀 傀 傀	愧 愧 愧
头盔	向日葵	傀儡	愧疚

认一认

扫码听音频

h

hē

喝

记：喝水 喝水h h h

读一读

h-ā → hā 哈哈镜（hā hā jìng）	h-āi → hāi 嗨哟（hāi yō）	h-ū → hū 忽然（hū rán）
h-á → há 蛤蟆（há ma）	h-ái → hái 孩子（hái zi）	h-ú → hú 狐狸（hú li）
h-ǎ → hǎ 哈达（hǎ dá）	h-ǎi → hǎi 海边（hǎi biān）	h-ǔ → hǔ 老虎（lǎo hǔ）
	h-ài → hài 害虫（hài chóng）	h-ù → hù 互动（hù dòng）

写一写

hā	há	hǎ	hài
哈 哈 哈	蛤 蛤 蛤	哈 哈 哈	害 害 害
哈哈镜	蛤蟆	哈达	害虫
hū	hú	hǔ	hù
乎 乎 乎	狐 狐 狐	虎 虎 虎	户 户 户
似乎	狐狸	老虎	户外

认一认

扫码听音频

j

jù
剧

记：京剧 京剧 j j j

读一读

j–ū → jū 故居 (gù jū)	j–ī → jī 地基 (dì jī)	j–iē → jiē 街道 (jiē dào)
j–ú → jú 菊花 (jú huā)	j–í → jí 急流 (jí liú)	j–ié → jié 清洁 (qīng jié)
j–ǔ → jǔ 沮丧 (jǔ sàng)	j–ǐ → jǐ 拥挤 (yōng jǐ)	j–iě → jiě 姐妹 (jiě mèi)
j–ù → jù 文具 (wén jù)	j–ì → jì 夏季 (xià jì)	j–iè → jiè 介绍 (jiè shào)

写一写

jī	jí	jǐ	jì
积 积 积	级 级 级	挤 挤 挤	迹 迹 迹
积木	班级	拥挤	足迹

jū	jú	jǔ	jù
居 居 居	菊 菊 菊	举 举 举	剧 剧 剧
居住	菊花	举重	京剧

认一认

扫码听音频

q

qì
汽

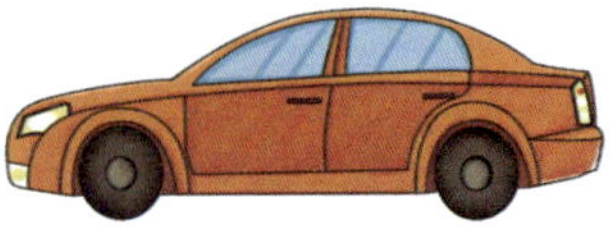

记：汽车 汽车 q q q

读一读

q–ū → qū 小区（xiǎo qū）	q–ī → qī 七彩（qī cǎi）	q–iē → qiē 切菜（qiē cài）
q–ú → qú 水渠（shuǐ qú）	q–í → qí 骑马（qí mǎ）	q–ié → qié 茄子（qié zi）
q–ǔ → qǔ 迎娶（yíng qǔ）	q–ǐ → qǐ 企鹅（qǐ é）	q–iě → qiě 而且（ér qiě）
q–ù → qù 离去（lí qù）	q–ì → qì 气球（qì qiú）	q–iè → qiè 切记（qiè jì）

写一写

qī	qí	qǐ	qì
欺 欺 欺	旗 旗 旗	起 起 起	汽 汽 汽
欺负	旗子	起床	汽车

qū	qú	qǔ	qù
曲 曲 曲	渠 渠 渠	娶 娶 娶	去 去 去
弯曲	水渠	迎娶	跑去

认一认

x

xī

西

记：西瓜 西瓜 x x x

读一读

x—ū → xū 胡须（hú xū）	x—ī → xī 溪流（xī liú）	x—iē → xiē 歇息（xiē xi）
x—ú → xú 徐缓（xú huǎn）	x—í → xí 学习（xué xí）	x—ié → xié 斜坡（xié pō）
x—ǔ → xǔ 许多（xǔ duō）	x—ǐ → xǐ 喜鹊（xǐ què）	x—iě → xiě 写字（xiě zì）
x—ù → xù 情绪（qíng xù）	x—ì → xì 细雨（xì yǔ）	x—iè → xiè 感谢（gǎn xiè）

写一写

xī	xí	xǐ	xì
西 西 西	席 席 席	洗 洗 洗	细 细 细
西瓜	凉席	清洗	细长

xū	xú	xǔ	xù
须 须 须	徐 徐 徐	许 许 许	旭 旭 旭
胡须	徐徐	许多	旭日

认一认

扫码听音频

zh

zhá
闸

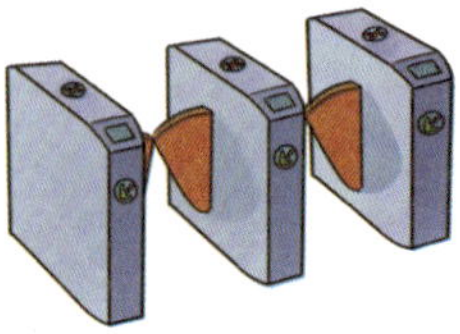

记：闸机 闸机
zh zh zh

读一读

zh–ū → zhū	zhī zhū 蜘蛛	zh–ā → zhā	shān zhā 山楂
zh–ú → zhú	là zhú 蜡烛	zh–á → zhá	yóu zhá 油炸
zh–ǔ → zhǔ	zhǔ tāng 煮汤	zh–ǎ → zhǎ	zhǎ yǎn 眨眼
zh–ù → zhù	qìng zhù 庆祝	zh–à → zhà	zhà lan 栅栏

写一写

zhā	zhá	zhǎ	zhà
楂 楂 楂	闸 闸 闸	眨 眨 眨	栅 栅 栅
山楂	闸机	眨眼	栅栏
zhū	zhú	zhǔ	zhù
猪 猪 猪	烛 烛 烛	煮 煮 煮	筑 筑 筑
小猪	烛火	煮汤	建筑

认一认

ch

chī
吃

记：吃饭 吃饭
ch ch ch

扫码听音频

读一读

ch–ū → chū	rì chū 日出	ch–ā → chā	chā zi 叉子
ch–ú → chú	chú fáng 厨房	ch–á → chá	chá hú 茶壶
ch–ǔ → chǔ	chǔ cún 储存	ch–ǎ → chǎ	kù chǎ 裤衩
ch–ù → chù	jiā chù 家畜	ch–à → chà	chà lù 岔路

写一写

chā	chá	chǎ	chà
叉 叉 叉	茶 茶 茶	衩 衩 衩	岔 岔 岔
叉子	茶壶	裤衩	岔路
chū	chú	chǔ	chù
出 出 出	厨 厨 厨	储 储 储	畜 畜 畜
日出	厨房	储存	家畜

认一认

扫码听音频

sh

shī
狮

记：狮子 狮子
sh sh sh

读一读

sh-ū → shū	shū běn 书本	sh-ā → shā	shā fā 沙发
sh-ú → shú	chéng shú 成熟	sh-á → shá	wèi shá 为啥
sh-ǔ → shǔ	lǎo shǔ 老鼠	sh-ǎ → shǎ	shǎ yǎn 傻眼
sh-ù → shù	shù qín 竖琴	sh-à → shà	dà shà 大厦

写一写

shā	shá	shǎ	shà
沙 沙 沙	啥 啥 啥	傻 傻 傻	厦 厦 厦
沙发	说啥	傻眼	大厦
shū	shú	shǔ	shù
书 书 书	熟 熟 熟	鼠 鼠 鼠	竖 竖 竖
书本	成熟	老鼠	竖琴

认一认

r

rì

日

记：日出 日出 r r r

扫码听音频

读一读

r—ú → rú	rú dòng 蠕动	r—uí → ruí	wēi ruí 葳蕤	r—áo → ráo	fù ráo 富饶
r—ǔ → rǔ	niú rǔ 牛乳	r—uǐ → ruǐ	huā ruǐ 花蕊	r—ǎo → rǎo	dǎ rǎo 打扰
r—ù → rù	rù shuì 入睡	r—uì → ruì	ruì lì 锐利	r—ào → rào	chán rào 缠绕

写一写

rú	rǔ	rù	ràng
如	乳	入	让
如果	牛乳	加入	让路

ráo	rǎo	rào	rén
饶	扰	绕	人
富饶	干扰	围绕	老人

认一认

扫码听音频

zú

Z 足

记：足球 足球 z z z

读一读

z–ā → zā	zā dào 匝道	z–ū → zū	chū zū 出租	z–ān → zān	fà zān 发簪
z–á → zá	zá huài 砸坏	z–ú → zú	zú qiú 足球	z–án → zán	zán men 咱们
z–ǎ → zǎ	zǎ yàng 咋样	z–ǔ → zǔ	zǔ duì 组队	z–ǎn → zǎn	jī zǎn 积攒
				z–àn → zàn	chēng zàn 称赞

写一写

zāo	záo	zǎo	zào
糟 糟 糟	凿 凿 凿	枣 枣 枣	皂 皂 皂
糟糕	开凿	红枣	香皂

zuō	zuó	zuǒ	zuò
作 作 作	昨 昨 昨	左 左 左	作 作 作
作坊	昨日	左手	作业

认一认

c

cì
刺

记：刺猬 刺猬 c c c

读一读

c—āi	→	cāi	cāi mí 猜谜	c—ān	→	cān	cān tīng 餐厅
c—ái	→	cái	cái néng 才能	c—án	→	cán	chūn cán 春蚕
c—ǎi	→	cǎi	cǎi hóng 彩虹	c—ǎn	→	cǎn	cǎn dàn 惨淡
c—ài	→	cài	zhà cài 榨菜	c—àn	→	càn	càn làn 灿烂

写一写

cāi	cái	cǎi	cài
猜 猜 猜	才 才 才	彩 彩 彩	菜 菜 菜
猜谜	才能	彩虹	蔬菜

cān	cán	cǎn	càn
参 参 参	蚕 蚕 蚕	惨 惨 惨	灿 灿 灿
参加	春蚕	惨淡	灿烂

认一认

扫码听音频

s

sī

丝

记：吐丝 吐丝 s s s

读一读

s–ā → sā 撒娇 (sā jiāo)	s–ū → sū 酥糖 (sū táng)	s–uī → suī 虽然 (suī rán)
s–ǎ → sǎ 洒水 (sǎ shuǐ)	s–ú → sú 习俗 (xí sú)	s–uí → suí 跟随 (gēn suí)
s–à → sà 比萨 (bǐ sà)	s–ù → sù 塑料 (sù liào)	s–uǐ → suǐ 精髓 (jīng suǐ)
		s–uì → suì 隧道 (suì dào)

写一写

sā	sǎ	sà	sú
撒 撒 撒	洒 洒 洒	萨 萨 萨	俗 俗 俗
撒娇	洒水	比萨	习俗

sān	sǎn	sàn	sōng
三 三 三	伞 伞 伞	散 散 散	松 松 松
三个	雨伞	散步	松鼠

认一认

扫码听音频

y

yā
鸭

记：鸭子 鸭子 y y y

读一读

y-ā → yā	yā zi 鸭子	y-āo → yāo	chā yāo 叉腰
y-á → yá	fā yá 发芽	y-áo → yáo	cài yáo 菜肴
y-ǎ → yǎ	yǎ líng 哑铃	y-ǎo → yǎo	sī yǎo 撕咬
y-à → yà	yà má 亚麻	y-ào → yào	xū yào 需要

写一写

yā	yá	yǎ	yà
鸭 鸭 鸭	芽 芽 芽	哑 哑 哑	亚 亚 亚
鸭子	发芽	哑铃	亚麻
yāo	yáo	yǎo	yào
腰 腰 腰	肴 肴 肴	咬 咬 咬	要 要 要
叉腰	菜肴	撕咬	需要

认一认

扫码听音频

wà
袜

记：袜子 袜子 w w w

读一读

w—ā → wā	qīng wā 青蛙	w—ēi → wēi	wēi fēng 威风
w—á → wá	wá wa 娃娃	w—éi → wéi	wéi qí 围棋
w—ǎ → wǎ	wǎ fáng 瓦房	w—ěi → wěi	lú wěi 芦苇
w—à → wà	wà zi 袜子	w—èi → wèi	wèi shí 喂食

写一写

wā	wá	wǎ	wà
洼 洼 洼	娃 娃 娃	瓦 瓦 瓦	袜 袜 袜
洼地	娃娃	瓦片	袜子

wēi	wéi	wěi	wèi
威 威 威	围 围 围	苇 苇 苇	喂 喂 喂
威风	围棋	芦苇	喂食

扫码听音频

单韵母趣味速记

a o e i u ü

张大嘴巴 a a a

公鸡打鸣 o o o

白鹅游泳 e e e

一支蜡烛 i i i

小小乌龟 u u u

鱼儿吐泡 ü ü ü

认一认

扫码听音频

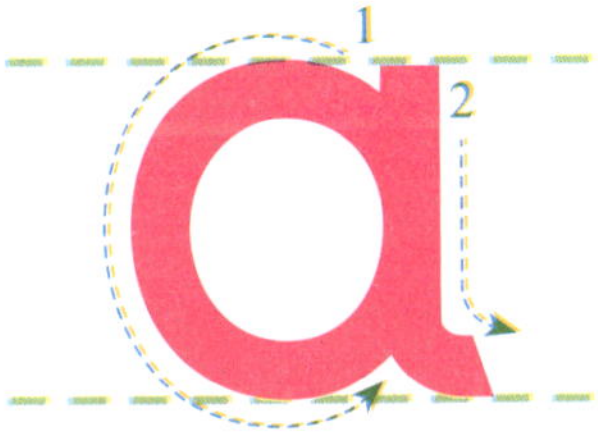

ā

阿

记：阿姨 阿姨 a a a

读一读

b-ā → bā	八方 (bā fāng)	m-ā → mā	妈妈 (mā ma)	f-ā → fā	发牌 (fā pái)
b-á → bá	拔草 (bá cǎo)	m-á → má	麻花 (má huā)	f-á → fá	乏力 (fá lì)
b-ǎ → bǎ	把手 (bǎ shǒu)	m-ǎ → mǎ	马匹 (mǎ pǐ)	f-ǎ → fǎ	法力 (fǎ lì)
b-à → bà	爸爸 (bà ba)	m-à → mà	叫骂 (jiào mà)	f-à → fà	发型 (fà xíng)

写一写

bā	bá	bǎ	bà
八 八 八	拔 拔 拔	把 把 把	爸 爸 爸
八方	拔草	把手	爸爸

mā	má	mǎ	mà
妈 妈 妈	麻 麻 麻	马 马 马	骂 骂 骂
妈妈	麻花	马匹	叫骂

认一认

扫码听音频

o

bō
波

记：波浪 波浪ooo

读一读

b-ō → bō 玻璃(bō li)　m-ō → mō 抚摸(fǔ mō)　p-ō → pō 泼水(pō shuǐ)

b-ó → bó 伯伯(bó bo)　m-ó → mó 模型(mó xíng)　p-ó → pó 外婆(wài pó)

b-ǒ → bǒ 跛脚(bǒ jiǎo)　m-ǒ → mǒ 涂抹(tú mǒ)　p-ǒ → pǒ 笸篮(pǒ lán)

b-ò → bò 薄荷(bò he)　m-ò → mò 末日(mò rì)　p-ò → pò 破旧(pò jiù)

写一写

bō	bó	bǒ	bò
玻 玻 玻	伯 伯 伯	跛 跛 跛	薄 薄 薄
玻璃	伯伯	跛脚	薄荷
mō	mó	mǒ	mò
摸 摸 摸	模 模 模	抹 抹 抹	末 末 末
抚摸	模型	涂抹	末日

认一认

扫码听音频

e

é
鹅

记：企鹅 企鹅 e e e

读一读

d－ē → dē 嘚啵（dē bo）　g－ē → gē 鸽子（gē zi）　k－ē → kē 蝌蚪（kē dǒu）

d－é → dé 得意（dé yì）　g－é → gé 革命（gé mìng）　k－é → ké 贝壳（bèi ké）

d－è → dè 嘚瑟（dè se）　g－ě → gě 自个儿（zì gěr）　k－ě → kě 可能（kě néng）

g－è → gè 个位（gè wèi）　k－è → kè 上课（shàng kè）

写一写

gē	gé	gě	gè
鸽 鸽 鸽	革 革 革	个 个 个	个 个 个
鸽子	革命	自个儿	个别

kē	ké	kě	kè
蝌 蝌 蝌	壳 壳 壳	可 可 可	课 课 课
蝌蚪	贝壳	可能	上课

认一认

扫码听音频

i

yǐ

蚁

记：蚂蚁 蚂蚁 i i i

读一读

b–ī → bī 逼真（bī zhēn）	m–ī → mī 猫咪（māo mī）	d–ī → dī 低温（dī wēn）
b–í → bí 鼻子（bí zi）	m–í → mí 迷路（mí lù）	d–í → dí 笛子（dí zi）
b–ǐ → bǐ 笔直（bǐ zhí）	m–ǐ → mǐ 大米（dà mǐ）	d–ǐ → dǐ 海底（hǎi dǐ）
b–ì → bì 壁虎（bì hǔ）	m–ì → mì 密码（mì mǎ）	d–ì → dì 递给（dì gěi）

写一写

mī	mí	mǐ	mì
咪 咪 咪	迷 迷 迷	米 米 米	密 密 密
猫咪	迷路	大米	密码
dī	dí	dǐ	dì
低 低 低	笛 笛 笛	底 底 底	递 递 递
低温	笛子	海底	递给

认一认

扫码听音频

u

wū
乌

记：乌龟 乌龟u u u

读一读

b–ū → bū 逋逃 (bū táo)	p–ū → pū 扑灭 (pū miè)	d–ū → dū 都市 (dū shì)
b–ú → bú 白醭 (bái bú)	p–ú → pú 仆从 (pú cóng)	d–ú → dú 病毒 (bìng dú)
b–ǔ → bǔ 补丁 (bǔ ding)	p–ǔ → pǔ 普通 (pǔ tōng)	d–ǔ → dǔ 堵车 (dǔ chē)
b–ù → bù 部队 (bù duì)	p–ù → pù 瀑布 (pù bù)	d–ù → dù 杜鹃 (dù juān)

写一写

pū	pú	pǔ	pù
扑 扑 扑	仆 仆 仆	普 普 普	瀑 瀑 瀑
扑灭	仆从	普通	瀑布
dū	dú	dǔ	dù
都 都 都	毒 毒 毒	堵 堵 堵	杜 杜 杜
都市	病毒	堵车	杜鹃

认一认

扫码听音频

ü

yú

鱼

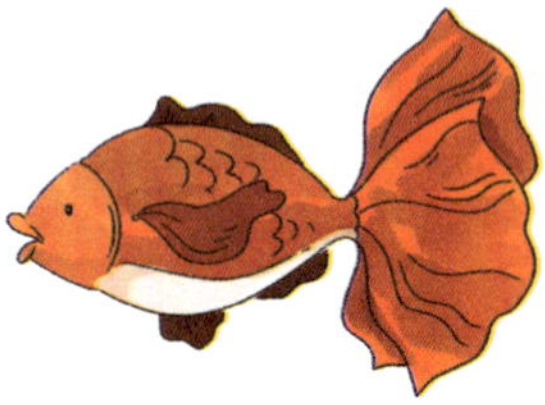

记：鱼儿 鱼儿ü ü ü

读一读

j-ū → jū	jū zhù 居住	q-ū → qū	wān qū 弯曲	x-ū → xū	hú xū 胡须
j-ú → jú	jú huā 菊花	q-ú → qú	shuǐ qú 水渠	x-ú → xú	xú huǎn 徐缓
j-ǔ → jǔ	jǔ zhòng 举重	q-ǔ → qǔ	yíng qǔ 迎娶	x-ǔ → xǔ	xǔ duō 许多
j-ù → jù	jīng jù 京剧	q-ù → qù	pǎo qù 跑去	x-ù → xù	qíng xù 情绪

写一写

jū	jú	jǔ	jù
居 居 居	菊 菊 菊	举 举 举	剧 剧 剧
居住	菊花	举重	京剧
qū	qú	qǔ	qù
曲 曲 曲	渠 渠 渠	娶 娶 娶	去 去 去
弯曲	水渠	迎娶	跑去

复韵母和特殊韵母趣味速记

扫码听音频

ai ei ui ao ou iu ie üe er

挨在一起 ai ai ai

蝴蝶飞飞 ei ei ei

宝宝喝水 ui ui ui

一件棉袄 ao ao ao

海鸥海鸥 ou ou ou

一个皮球 iu iu iu

一个椰子 ie ie ie

月亮弯弯 üe üe üe

小小耳朵 er er er

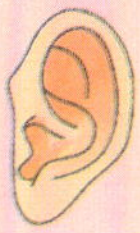

认一认

扫码听音频

ai

ài
爱

记：爱心 爱心
ai ai ai

读一读

p-āi	→ pāi	pāi qiú 拍球	c-āi	→ cāi	cāi mí 猜谜
p-ái	→ pái	pái chì 排斥	c-ái	→ cái	cái huá 才华
p-ǎi	→ pǎi	pǎi zi chē 排子车	c-ǎi	→ cǎi	cǎi hóng 彩虹
p-ài	→ pài	pài duì 派对	c-ài	→ cài	zhà cài 榨菜

写一写

pāi	pái	pǎi	pài
拍 拍 拍	排 排 排	排 排 排	派 派 派
拍球	排斥	排子车	派对
hāi	hái	hǎi	hài
嗨 嗨 嗨	孩 孩 孩	海 海 海	害 害 害
嗨哟	小孩	海星	害虫

认一认

扫码听音频

ei

fēi

飞

记：飞机 飞机

ei ei ei

读一读

w-ēi → wēi	wēi fēng 威风	f-ēi → fēi	fēi jī 飞机
w-éi → wéi	bāo wéi 包围	f-éi → féi	féi pàng 肥胖
w-ěi → wěi	lú wěi 芦苇	f-ěi → fěi	tǔ fěi 土匪
w-èi → wèi	wèi yǎng 喂养	f-èi → fèi	jīng fèi 经费

写一写

lēi	léi	lěi	lèi
勒 勒 勒	雷 雷 雷	磊 磊 磊	泪 泪 泪
勒紧	雷声	磊落	眼泪
fēi	féi	fěi	fèi
飞 飞 飞	肥 肥 肥	匪 匪 匪	费 费 费
飞机	肥胖	土匪	经费

认一认

扫码听音频

ui

tuǐ
腿

记：鸡腿 鸡腿
ui ui ui

读一读

h–uī → huī	恢复 (huī fù)	k–uī → kuī	头盔 (tóu kuī)
h–uí → huí	回家 (huí jiā)	k–uí → kuí	向日葵 (xiàng rì kuí)
h–uǐ → huǐ	后悔 (hòu huǐ)	k–uǐ → kuǐ	傀儡 (kuǐ lěi)
h–uì → huì	学会 (xué huì)	k–uì → kuì	愧疚 (kuì jiù)

写一写

huī	huí	huǐ	huì
恢 恢 恢	回 回 回	悔 悔 悔	会 会 会
恢复	回家	后悔	学会
suī	suí	suì	shuì
虽 虽 虽	随 随 随	岁 岁 岁	睡 睡 睡
虽然	随便	岁月	睡觉

认一认

扫码听音频

ǎo

ao 袄

记：棉袄 棉袄

ao ao ao

读一读

b-āo → bāo	bēi bāo 背包	h-āo → hāo	ài hāo 艾蒿
b-áo → báo	báopiàn 薄片	h-áo → háo	zì háo 自豪
b-ǎo → bǎo	bǎo hù 保护	h-ǎo → hǎo	wánhǎo 完好
b-ào → bào	yōngbào 拥抱	h-ào → hào	hào hàn 浩瀚

写一写

zhāo	zháo	zhǎo	zhào
招 招 招	着 着 着	找 找 找	罩 罩 罩
招手	着火	寻找	口罩
māo	máo	mǎo	mào
猫 猫 猫	毛 毛 毛	铆 铆 铆	茂 茂 茂
小猫	毛发	铆钉	茂密

认一认

扫码听音频

ou

ōu

鸥

记：海鸥 海鸥

ou ou ou

读一读

h—ōu → hōu 齁声 (hōu shēng)

h—óu → hóu 猴子 (hóu zi)

h—ǒu → hǒu 吼叫 (hǒu jiào)

h—òu → hòu 前后 (qián hòu)

sh—ōu → shōu 收获 (shōu huò)

sh—ǒu → shǒu 手指 (shǒu zhǐ)

sh—òu → shòu 兽医 (shòu yī)

写一写

shōu	chóu	shǒu	shòu
收 收 收	愁 愁 愁	手 手 手	兽 兽 兽
收获	发愁	手指	兽医
yōu	yóu	yǒu	yòu
忧 忧 忧	邮 邮 邮	友 友 友	柚 柚 柚
担忧	邮票	友好	柚子

认一认

扫码听音频

iu

liú
流

记：流水 流水
iu iu iu

读一读

n–iū → niū 妞妞 (niū niū)	l–iū → liū 溜走 (liū zǒu)	j–iū → jiū 研究 (yán jiū)
n–iú → niú 奶牛 (nǎi niú)	l–iú → liú 流动 (liú dòng)	j–iǔ → jiǔ 九月 (jiǔ yuè)
n–iǔ → niǔ 纽扣 (niǔ kòu)	l–iǔ → liǔ 柳树 (liǔ shù)	j–iù → jiù 旧日 (jiù rì)
n–iù → niù 执拗 (zhí niù)	l–iù → liù 六只 (liù zhī)	

写一写

niū	niú	niǔ	niù
妞 妞 妞	牛 牛 牛	纽 纽 纽	拗 拗 拗
妞妞	奶牛	纽扣	执拗
liū	liú	liǔ	liù
溜 溜 溜	流 流 流	柳 柳 柳	六 六 六
溜走	流动	柳树	六只

认一认

扫码听音频

ie

bié
别

记：告别 告别
ie ie ie

读一读

q–iē → qiē	qiē cài 切菜	x–iē → xiē	zhè xiē 这些
q–ié → qié	qié zi 茄子	x–ié → xié	xié zi 鞋子
q–iě → qiě	ér qiě 而且	x–iě → xiě	xiě zì 写字
q–iè → qiè	dǎn qiè 胆怯	x–iè → xiè	xiè xie 谢谢

写一写

jiē	jié	jiě	jiè
街 街 街	洁 洁 洁	姐 姐 姐	戒 戒 戒
街道	清洁	姐妹	戒指
qiē	qié	qiě	qiè
切 切 切	茄 茄 茄	且 且 且	怯 怯 怯
切菜	茄子	而且	胆怯

认一认

扫码听音频

üe

xuě

雪

记：雪人 雪人

üe üe üe

读一读

x–üē → xuē	xuē jiǎn 削减	q–üē → quē	quē sǔn 缺损
x–üé → xué	xué xí 学习	q–üé → qué	qué tuǐ 瘸腿
x–üě → xuě	xuě rén 雪人	q–üè → què	má què 麻雀
x–üè → xuè	xuè ròu 血肉		

写一写

xuē	xué	xuě	xuè
削 削 削	学 学 学	雪 雪 雪	血 血 血
削减	学习	雪人	血肉
jué	juè	quē	què
角 角 角	倔 倔 倔	缺 缺 缺	雀 雀 雀
角色	倔头倔脑	缺少	麻雀

认一认

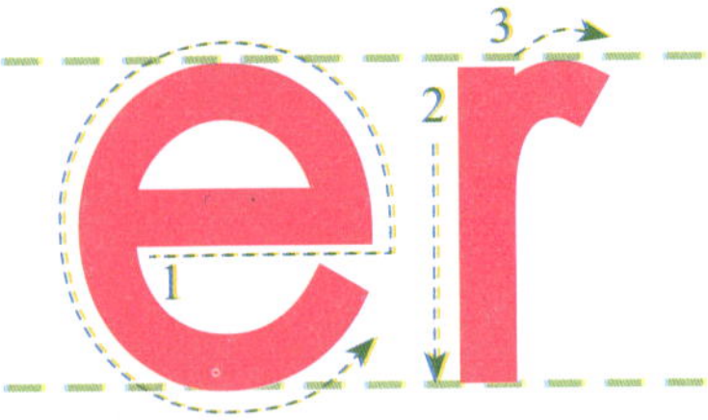

ěr

耳

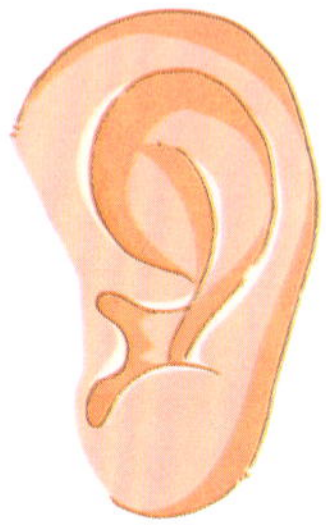

记：耳朵 耳朵

er er er

扫码听音频

写一写

ér	ér	ěr	èr
儿 儿 儿	而 而 而	耳 耳 耳	二 二 二
儿子	而且	耳朵	二胡

前鼻韵母趣味速记

扫码听音频

an　　en　　in　　un　　ün

an 在前，天安门，en 跟着，摁门铃，in 在中，树荫下，un 随后，游轮游，ün 压轴，白云飘。

安睡安睡　an an an

感恩感恩　en en en

音符音符　in in in

犯困犯困　un un un

勋章勋章　ün ün ün

认一认

扫码听音频

1 2 3 4

an

ān

安

记：安睡 安睡

an an an

读一读

t–ān → tān	hǎi tān 海滩	ch–ān → chān	chān fú 搀扶
t–án → tán	tán huà 谈话	ch–án → chán	chán yī 蝉衣
t–ǎn → tǎn	dì tǎn 地毯	ch–ǎn → chǎn	chǎn pǐn 产品
t–àn → tàn	tàn qì 叹气	ch–àn → chàn	chàn dǒu 颤抖

写一写

bān	bǎn	bàn	màn
班 班 班	板 板 板	办 办 办	慢 慢 慢
班级	老板	办法	缓慢

fān	fán	fǎn	fàn
帆 帆 帆	凡 凡 凡	反 反 反	饭 饭 饭
帆船	平凡	反对	吃饭

认一认

en

èn
摁

记：摁下 摁下
en en en

读一读

p–ēn → pēn	pēn shuǐ 喷水	f–ēn → fēn	fēn lèi 分类
p–én → pén	shuǐ pén 水盆	f–én → fén	fén shāo 焚烧
p–èn → pèn	pèn xiāng 喷香	f–ěn → fěn	fěn sè 粉色
		f–èn → fèn	fèn wài 分外

写一写

bēn	běn	bèn	hěn
奔 奔 奔	本 本 本	笨 笨 笨	很 很 很
奔跑	书本	笨重	很好
fēn	fén	fěn	fèn
分 分 分	焚 焚 焚	粉 粉 粉	分 分 分
分开	焚烧	粉色	分外

认一认

yìn
印

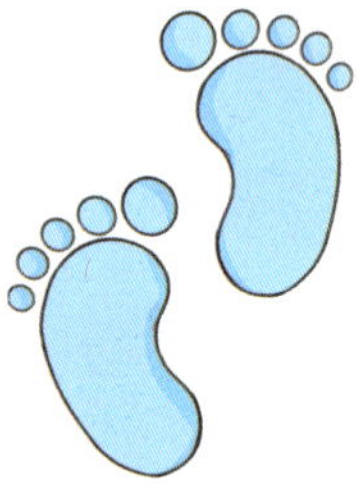

扫码听音频

记：脚印 脚印
in in in

读一读

p－īn → pīn　pīn tú 拼图　　j－īn → jīn　jīn tiān 今天

p－ín → pín　pín kùn 贫困　　j－ǐn → jǐn　jǐn guǎn 尽管

p－ǐn → pǐn　xiǎo pǐn 小品　　j－ìn → jìn　jìn lì 尽力

p－ìn → pìn　zhāo pìn 招聘

写一写

qīn	qín	qǐn	qìn
亲 亲 亲	琴 琴 琴	寝 寝 寝	沁 沁 沁
亲吻	弹琴	寝室	沁透
pīn	pín	pǐn	pìn
拼 拼 拼	贫 贫 贫	品 品 品	聘 聘 聘
拼音	贫穷	品德	招聘

认一认

扫码听音频

un

lún
轮

记：游轮 游轮
un un un

读一读

d-ūn → dūn	dūn xià 蹲下		l-ūn → lūn	lūn dòng 抡动
d-ǔn → dǔn	dǎ dǔnr 打盹儿		l-ún → lún	chē lún 车轮
d-ùn → dùn	dùn pái 盾牌		l-ùn → lùn	lùn shù 论述

写一写

kūn	kǔn	kùn	dùn
昆 昆 昆	捆 捆 捆	困 困 困	钝 钝 钝
昆虫	捆扎	困难	迟钝
cūn	cún	cùn	lún
村 村 村	存 存 存	寸 寸 寸	轮 轮 轮
村庄	存在	分寸	车轮

认一认

ün

扫码听音频

yún
云

记：白云 白云
ün ün ün

读一读

j-ūn → jūn　píng jūn 平均
q-ūn → qūn　qūn xún 逡巡
j-ùn → jùn　jùn mǎ 骏马
q-ún → qún　yáng qún 羊群

写一写

xūn 勋	xún 寻	xùn 迅	jūn 军
勋章	寻找	迅速	军人
jūn 均	jùn 骏	qūn 逡	qún 裙
平均	骏马	逡巡	裙子

后鼻韵母趣味速记

扫码听音频

ang eng ing ong

ang 像长枪把虎惊，eng 像蜜蜂嗡嗡鸣，ing 像老鹰天上行，ong 像闹钟响不停。

房屋房屋 ang ang ang

朋友朋友 eng eng eng

图钉图钉 ing ing ing

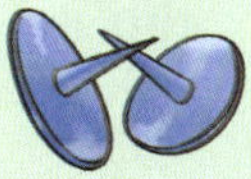

闹钟闹钟 ong ong ong

认一认

ang

yáng
羊

记：小羊 小羊
ang ang ang

扫码听音频

读一读

l–āng → lāng	kuāng lāng 哐 啷	t–āng → tāng	tāng yuán 汤 圆
l–áng → láng	láng qún 狼 群	t–áng → táng	táng guǒ 糖 果
l–ǎng → lǎng	lǎng dú 朗 读	t–ǎng → tǎng	liú tǎng 流 淌
l–àng → làng	làng huā 浪 花	t–àng → tàng	tàng fà 烫 发

写一写

fāng	fáng	fǎng	fàng
方 方 方	防 防 防	纺 纺 纺	放 放 放
方向	防止	纺车	放开

chāng	cháng	chǎng	chàng
昌 昌 昌	长 长 长	厂 厂 厂	唱 唱 唱
昌盛	长久	工厂	唱歌

认一认

eng

扫码听音频

fēng

风

记：刮风 刮风

eng eng eng

读一读

b-ēng → bēng	bēng tā 崩塌		p-ēng → pēng	pēng rèn 烹饪
b-éng → béng	béng shuō 甭说		p-éng → péng	péng you 朋友
b-ěng → běng	běng liǎn 绷脸		p-ěng → pěng	pěng huā 捧花
b-èng → bèng	bèng tiào 蹦跳		p-èng → pèng	pèng jiàn 碰见

写一写

fēng	féng	fěng	fèng
风 风 风	逢 逢 逢	讽 讽 讽	缝 缝 缝
风雨	重逢	讽刺	缝隙
shēng	shéng	shěng	shèng
生 生 生	绳 绳 绳	省 省 省	胜 胜 胜
生命	绳子	省略	胜利

认一认

扫码听音频

ing

yīng
鹰

记：老鹰 老鹰
ing ing ing

读一读

t-īng → tīng　tīng jiàn 听见
t-íng → tíng　tíng zhǐ 停止
t-ǐng → tǐng　tǐng jìn 挺进
l-íng → líng　líng huó 灵活
l-ǐng → lǐng　lǐng dài 领带
l-ìng → lìng　mìng lìng 命令

写一写

bīng	bǐng	bìng	tīng
冰	饼	病	听
冰块	饼干	生病	听见
dīng	dǐng	dìng	lìng
丁	顶	定	令
丁零	山顶	一定	命令

认一认

扫码听音频

ong

zhōng
钟

记：时钟 时钟
ong ong ong

读一读

d-ōng → dōng	dōng fāng 东方	g-ōng → gōng	gōng rén 工人
d-ǒng → dǒng	dǒng shì 懂事	g-ǒng → gǒng	gǒng qiáo 拱桥
d-òng → dòng	dòng zuò 动作	g-òng → gòng	gòng tóng 共同

写一写

tōng	tóng	tǒng	tòng
通	同	统	痛
通过	相同	统一	痛苦

zhōng	zhǒng	zhòng	gōng
中	种	众	工
中间	种子	众多	工人

整体认读音节趣味速记

扫码听音频

zhi zhi zhi，小鸟飞上小树枝；
chi chi chi，测量长度小尺子；
shi shi shi，大家一起来背诗；
ri ri ri，冉冉升起大红日；
zi zi zi，手握毛笔写大字；
ci ci ci，小小刺猬满身刺；
si si si，春蚕结茧吐细丝；
yi yi yi，微风拂面柳依依；
wu wu wu，大家一起来跳舞；
yu yu yu，乌云密布要下雨；
ye ye ye，水珠滚滚绿荷叶；
yue yue yue，广阔星空挂明月；
yuan yuan yuan，绿树红花小花园；
yin yin yin，大槐树下绿成荫；
yun yun yun，蓝蓝天上飘白云；
ying ying ying，蓝蓝天上飞雄鹰。

认一认

扫码听音频

zhi

zhī

枝

记：树枝 树枝

zhi zhi zhi

读一读

zhī 树枝（shù zhī）

zhí 植树（zhí shù）

zhǐ 纸巾（zhǐ jīn）

zhì 控制（kòng zhì）

写一写

zhī	zhí	zhǐ	zhì
支	直	止	至
一支	直尺	停止	至于
zhī	zhí	zhǐ	zhì
汁	值	只	治
果汁	值日	只有	治疗

认一认

chi

chī
吃

扫码听音频

记：吃饭 吃饭
chi chi chi

读一读

chī 吃饭（chī fàn）

chí 松弛（sōng chí）

chǐ 羞耻（xiū chǐ）

chì 翅膀（chì bǎng）

写一写

chī	chí	chǐ	chì
吃	池	尺	赤
吃饭	池塘	尺子	赤红

chí	chí	chǐ	chì
持	迟	齿	斥
保持	迟到	牙齿	斥责

认一认

shi

扫码听音频

shī

诗

记：唐诗 唐诗
shi shi shi

读一读

shī 老(lǎo) 师(shī)

shí 时(shí) 间(jiān)

shǐ 行(xíng) 驶(shǐ)

shì 事(shì) 情(qing)

写一写

shī	shí	shǐ	shì
诗 诗 诗	十 十 十	史 史 史	是 是 是
唐诗	十分	历史	是的
shī	shí	shǐ	shì
失 失 失	石 石 石	使 使 使	市 市 市
失误	石头	使用	城市

认一认

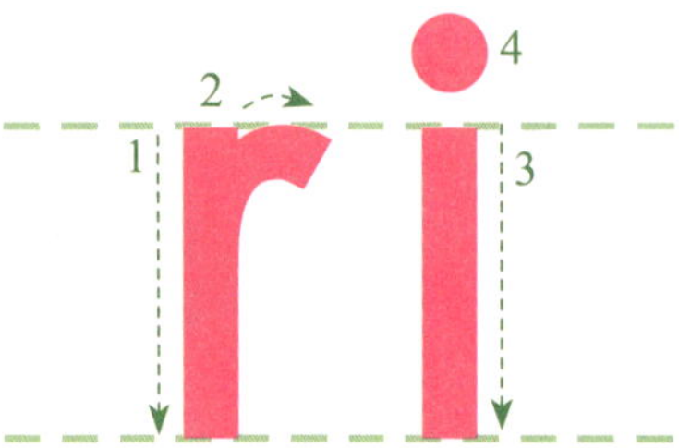

rì
日

记：日落 日落
ri ri ri

写一写

rì 日	rì 日	rì 日	rì 日
日历	日出	生日	日记

认一认

扫码听音频

zi

zī

咨

记：咨询 咨询

zi zi zi

读一读

zī 咨询（zī xún）

zǐ 紫色（zǐ sè）

zì 写字（xiě zì）

写一写

zī	zī	zǐ	zì
姿	咨	子	自
姿势	咨询	子女	自己

zī	zī	zǐ	zì
资	滋	仔	字
资格	滋润	仔细	写字

认一认

扫码听音频

ci

cì
刺

记：刺猬 刺猬
ci ci ci

读一读

cī　āi cī
　　挨呲

cí　shī cí
　　诗词

cǐ　cǐ shí
　　此时

cì　cì shù
　　次数

写一写

cī	cí	cǐ	cì
呲 呲 呲	词 词 词	此 此 此	次 次 次
挨呲	诗词	此时	次数
cí	cí	cì	cì
辞 辞 辞	瓷 瓷 瓷	刺 刺 刺	伺 伺 伺
辞别	瓷器	刺猬	伺候

认一认

扫码听音频

sī

司

记：吐司 吐司

si si si

读一读

sī 吐司 (tǔ sī)

sǐ 死亡 (sǐ wáng)

sì 四个 (sì gè)

写一写

sī	sī	sǐ	sì
司 司 司	丝 丝 丝	死 死 死	四 四 四
吐司	丝带	死亡	四个
sī	sī	sì	sì
思 思 思	私 私 私	似 似 似	寺 寺 寺
思考	私人	似乎	寺庙

认一认

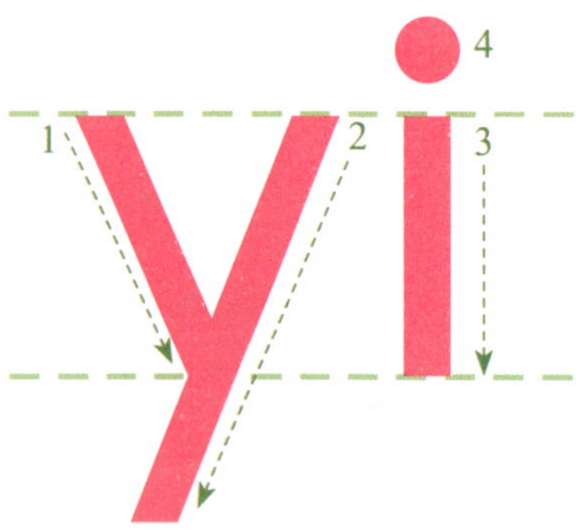

yī
衣

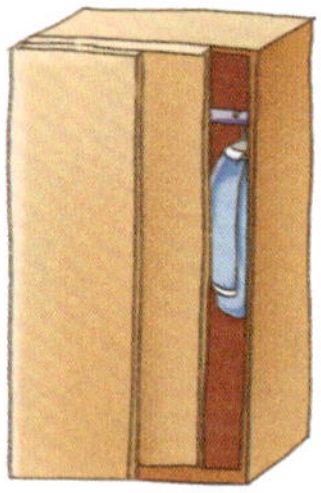

记：衣柜 衣柜
yi yi yi

读一读

yī 依靠（yī kào）
yí 移动（yí dòng）
yǐ 椅子（yǐ zi）
yì 容易（róng yì）

写一写

yī	yí	yǐ	yì
一	仪	以	义
第一	仪式	以前	义气
yī	yí	yǐ	yì
衣	怡	已	艺
衣服	怡悦	已经	艺术

认一认

扫码听音频

wu

wū

屋

记：房屋 房屋

wu wu wu

读一读

wū 乌鸦 (wū yā)

wú 无奈 (wú nài)

wǔ 五十 (wǔ shí)

wù 服务 (fú wù)

写一写

wū	wú	wǔ	wù
乌 乌 乌	无 无 无	五 五 五	务 务 务
乌鸦	无奈	五十	服务
wū	wú	wǔ	wù
屋 屋 屋	吴 吴 吴	午 午 午	物 物 物
房屋	姓吴	中午	物品

认一认

扫码听音频

yu

yǔ

雨

记：下雨 下雨

yu yu yu

读一读

yū 迂回（yū huí）

yú 金鱼（jīn yú）

yǔ 下雨（xià yǔ）

yù 玉米（yù mǐ）

写一写

yū	yú	yǔ	yù
迂 迂 迂	鱼 鱼 鱼	雨 雨 雨	玉 玉 玉
迂回	金鱼	下雨	玉米

yú	yú	yǔ	yù
余 余 余	于 于 于	语 语 语	育 育 育
剩余	于是	语言	教育

认一认

扫码听音频

yē
椰

记：椰子 椰子
ye ye ye

读一读

yē 椰子(yē zi)

yé 爷爷(yé ye)

yě 也许(yě xǔ)

yè 树叶(shù yè)

写一写

yē	yé	yě	yè
椰	爷	也	叶
椰子	爷爷	也许	树叶
yě	yè	yè	yè
野	夜	业	页
野马	夜晚	作业	页码

认一认

yue

yuē
约

记：约定 约定
yue yue yue

扫码听音频

读一读

yuē 约定 (yuē dìng)

yuě 干哕 (gān yuě)

yuè 月亮 (yuè liang)

写一写

yuē	yuē	yuè	yuè
约 约 约	曰 曰 曰	阅 阅 阅	跃 跃 跃
约定	子曰	阅读	跳跃

yuè	yuè	yuè	yuè
月 月 月	乐 乐 乐	岳 岳 岳	悦 悦 悦
月亮	音乐	岳阳楼	愉悦

认一认

扫码听音频

yuan

yuàn
院

记：医院 医院
yuan yuan yuan

读一读

yuān	yuān yāng	鸳鸯
yuán	yuán dàn	元旦
yuǎn	yuǎn fāng	远方
yuàn	yī yuàn	医院

写一写

yuān	yuán	yuǎn	yuàn
鸳 鸳 鸳	元 元 元	远 远 远	院 院 院
鸳鸯	元旦	远方	医院
yuán	yuán	yuàn	yuàn
园 园 园	员 员 员	愿 愿 愿	怨 怨 怨
公园	员工	心愿	抱怨

认一认

yīn

荫

记：树荫 树荫 yin yin yin

扫码听音频

读一读

yīn 树荫（shù yīn）

yín 银行（yín háng）

yǐn 饮品（yǐn pǐn）

yìn 印记（yìn jì）

写一写

yīn	yín	yǐn	yìn
荫 荫 荫	银 银 银	饮 饮 饮	印 印 印
树荫	银行	饮品	印记

yīn	yín	yǐn	yìn
因 因 因	吟 吟 吟	引 引 引	荫 荫 荫
原因	吟唱	引用	荫庇

认一认

yun

扫码听音频

yūn

晕

记：晕倒 晕倒

yun yun yun

读一读

yūn 晕倒 (yūn dǎo)

yún 云朵 (yún duǒ)

yǔn 允许 (yǔn xǔ)

yùn 运气 (yùn qi)

写一写

yūn	yún	yǔn	yùn
晕 晕 晕	云 云 云	允 允 允	运 运 运
晕倒	云朵	允许	运气
yún	yún	yún	yǔn
匀 匀 匀	芸 芸 芸	耘 耘 耘	陨 陨 陨
均匀	芸豆	耕耘	陨石

认一认

扫码听音频

ying

yīng
樱

记：樱桃 樱桃
ying ying ying

读一读

yīng 樱桃（yīng tao）

yíng 营业（yíng yè）

yǐng 影院（yǐng yuàn）

yìng 反应（fǎn yìng）

写一写

yīng	yíng	yǐng	yìng
英 英 英	营 营 营	影 影 影	应 应 应
英雄	营业	影院	反应

yīng	yíng	yíng	yìng
应 应 应	迎 迎 迎	萤 萤 萤	映 映 映
应该	欢迎	萤火虫	上映

扫码听音频

拼音占格口诀

小朋友，你认识拼音格吗？
这是学习拼音的基础哟！

第一线 ————————————

上格

第二线 - - - - - - - - - - -

中格

第三线 - - - - - - - - - - -

下格

第四线 ————————————

拼音格，四条线，
拼音字母住里边。
住在上格不顶天，
住在下格不踩线，
中格写满顶两边。

拼音标调和拼音四声调

拼音的声调共有四个，
一声平，二声扬，三声拐弯，四声降。

拼音标调口诀

有 a 在，把帽戴；
a 要不在 o、e 戴；
要是 i、u 一起来，
谁在后面给谁戴。

拼音四声调口诀

一声高高平又平，
二声就像爬山坡。
三声下坡又上坡，
四声下山往下落。

小ü专项训练

扫码看答案

ü省略两点口诀：小ü小ü有礼貌，见到 j、q、x 就脱帽。在一起脱帽，分开就戴帽。

1. 在一起脱帽：

j — ǜ → ______　　q — ǜ → ______

x — ǖ → ______　　j — ǚ → ______

j — üé → ______　　q — üé → ______

x — üē → ______　　j — ǖn → ______

2. 分开就戴帽：

______ — ______ → xū　　______ — ______ → xuě

______ — ______ → qún　　______ — ______ → jū

______ — ______ → juè　　______ — ______ → xún

3. 在一起脱帽，分开就戴帽：

x — ǚ → ______　　______ — ______ → jùn

q — üē → ______　　______ — ______ → què

介母只有 i u ü 训练

扫码看答案

一．选择题。（选出正确的介母）

1. 拼音 xuān 的介母是（　　）。

①i　　②u　　③ü

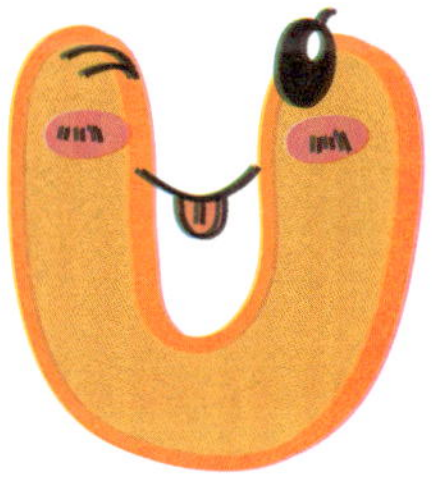

2. 下列拼音中，没有介母的是（　　）。

①xià　　②kōng　　③huǒ

二．拼读训练。（分解声母、介母、韵母）

例：huā ⟶ 声母 h + 介母 u + 韵母 ā。

1. jiǎ ⟶ ________ + ________ + ________。

2. kuā ⟶ ________ + ________ + ________。

3. tuō ⟶ ________ + ________ + ________。

三．连线题。（将音节与对应介母连起来）

guā　　xiǎo　　juān

ü　　u　　i

扫码听音频

平翘舌音跟读

平舌音（舌尖前音）

z、c、s：舌尖抵住下齿背（或者接近上齿背），气流平出摩擦轻。

z：早（zǎo）、姿（zī）、子（zǐ）、走（zǒu）。

c：草（cǎo）、才（cái）、参（cān）、从（cóng）。

s：三（sān）、洒（sǎ）、思（sī）、色（sè）。

翘舌音（舌尖后音）

zh、ch、sh、r：舌尖翘起抵硬腭，气流摩擦要分明。

zh：这（zhè）、之（zhī）、桌（zhuō）、找（zhǎo）。

ch：迟（chí）、车（chē）、出（chū）、城（chéng）。

sh：是（shì）、上（shàng）、生（shēng）。

r：人（rén）、日（rì）、热（rè）、让（ràng）。

ei ie iu ui 区分

e在前，i在后，紧挨着是好朋友——ei

i在前，e在后，合起来念复韵母——ie

i和u，手拉手，i站前面做领队——iu

u和i，倒过来，排在后面来收尾——ui